# BEI GRIN MACHT SICH IHR
# WISSEN BEZAHLT

**Bibliografische Information der Deutschen Nationalbibliothek:**

Die Deutsche Bibliothek verzeichnet diese Publikation in der Deutschen National-bibliografie; detaillierte bibliografische Daten sind im Internet über http://dnb.d-nb.de/ abrufbar.

**Impressum:**

Copyright © 2018 GRIN Verlag
Druck und Bindung: Books on Demand GmbH, Norderstedt Germany
ISBN: 9783346031020

**Dieses Buch bei GRIN:**

https://www.grin.com/document/499547

Julia Schmitt

# Ausdauertrainingsplanung für eine 45-jährige Frau

GRIN Verlag

**GRIN - Your knowledge has value**

Der GRIN Verlag publiziert seit 1998 wissenschaftliche Arbeiten von Studenten, Hochschullehrern und anderen Akademikern als eBook und gedrucktes Buch. Die Verlagswebsite www.grin.com ist die ideale Plattform zur Veröffentlichung von Hausarbeiten, Abschlussarbeiten, wissenschaftlichen Aufsätzen, Dissertationen und Fachbüchern.

**Besuchen Sie uns im Internet:**

http://www.grin.com/

http://www.facebook.com/grincom

http://www.twitter.com/grin_com

Deutsche Hochschule für

Prävention und Gesundheitsmanagement

Hermann Neuberger Sportschule 3

66123 Saarbrücken

# Einsendeaufgabe

**Fachmodul:**        Trainingslehre II

**Studiengang:**      Gesundheitsmanagement

**Datum**
**Präsenzphase:**     22.05.2018 – 24.05.2018

**Name, Vorname:**    Schmitt, Julia

**Studienort:**       **München**

**Semester:**         **SS17**

# Inhaltsverzeichnis

# 1  Diagnose

## 1.1  Allgemeine und biometrische Daten

In einem Eingangsgespräch mit der Kundin wurden allgemeine Daten aufgenommen, sowie Gesundheitszustand, Zeitbudget und Trainingsmotive festgestellt. Alle Daten sind in den folgenden Tabellen zusammengefasst.

Tab. 1: Allgemeine Daten der Kundin

| Alter | 45 Jahre |
|---|---|
| Geschlecht | weiblich |
| Körpergröße | 1,65 m |
| Körpergewicht | 100 kg |
| Trainingsmotive | Körperfettreduktion, Blutdrucksenkung |
| Berufliche Tätigkeit | Bürokauffrau, primär sitzend |
| Sportliche Aktivität (früher und heute) / Hobby | Früher: Radfahren, Walking Heute: Radfahren eher unregelmäßig |
| Sportliche Leistungsstufe | Trainingseinsteiger, niedrig |
| Zeitlicher Verfügungsrahmen | 3 Mal pro Woche für je 60 Minuten |

Tab. 2: Biometrische Daten der Kundin:

| BMI | 36,7 kg/m² (Übergewicht, Normalgewicht liegt bei einem BMI von 18,5 – 25 kg/m²) (vgl. WHO BMI Nutritional status, 2018) |
|---|---|
| Körperfettanteil | 39 % (hoch, der Normalwert für Frauen zwischen 40-49 Jahren liegt bei 25-35%) (American Health Association, 2014, S. 72) |
| Blutdruck | 133/86 mmHg (hochnormal, der normale Wert liegt zwischen 120-129/80-84 mmHg, der hochnormale Bereich ist zwischen 130-139/85-89 mmHg (WHO, Hypertension guidelines, 2003)) |
| Ruhepuls | 70 S/min (normal, der Ruhepulsbereich untrainierter Frauen sollte zwischen 60-80 S/min liegen (Weineck, 2003)) |
| Medikamenteneinnahme (Betablocker) | Nein, keine |
| Allgemeiner Gesundheitszustand | Hochnormaler Blutdruck, Übergewicht, leichte Verspannungen am Rücken |

## WHO-Klassifikation der arteriellen Hypertonie

| Bewertung | systolisch (mmHg) | diastolisch (mmHg) |
|---|---|---|
| optimaler Blutdruck | < 120 | < 80 |
| normaler Blutdruck | 120–129 | 80–84 |
| hoch-normaler Blutdruck | 130–139 | 85–89 |
| milde Hypertonie (Stufe 1) | 140–159 | 90–99 |
| mittlere Hypertonie (Stufe 2) | 160–179 | 100–109 |
| schwere Hypertonie (Stufe 3) | > 180 | > 110 |
| isolierte systolische Hypertonie | > 140 | < 90 |

Abb. 1: WHO-Klassifikation der arteriellen Hypertonie

Den obigen Tabellen (Tab.1, Tab.2) wurden alle allgemeinen und biometrischen Daten meiner Kundin aufgelistet, welche beim Erstellen der Trainingsplanung notwendig sind. Die Angaben dieser erfolgten durch die Kundin selbst. Meine Kundin hat nach Angaben der Weltgesundheitsorganisation Adipositas Klasse I und einen Body-Mass-Index-Wert von 36,7 kg/m². Erstrebenswert wäre ein Normalgewicht mit dem BMI-Wert von bis zu 25,0 kg/m² (vgl. WHO BMI Nutritional status, 2018).

Der Ruhepuls kann im Termin nicht genau gemessen werden, da man diesen nur morgens nach dem Aufwachen bestimmen kann. Jene Werte, die im Laufe eines Tages gemessen werden, nennt man Tagespuls und liegen 5-10 S/min über dem eigentlichen Ruhepuls (Weineck, 2003, S.50). Dadurch dass die Kundin verstärkt Ausdauertraining betreibt, benötigt man einen möglichst genauen Ruhepuls. So soll sie an vier aneinander folgenden Tagen nach dem Aufwachen ihren Puls selbst messen und einen Mittelwert bilden.

Aufgrund ihrer beruflichen Tätigkeit, der überwiegend sitzenden Arbeitsposition, und den bereits entstandenen Risikofaktoren, wie Adipositas und einem hochnormalen Blutdruck, halte ich das Ausdauertraining für sehr wichtig. Die Belastbarkeit ist dennoch nicht eingeschränkt, da zudem vom Arzt die Verordnung besteht, Ausdauertraining zur Stressbewältigung und Blutdrucksenkung zu betreiben.

## 1.2 Leistungsdiagnostik

Um einen Ausdauertrainingsplan zu erstellen, der den Anforderungen der Kundin gerecht wird, muss ihr individueller Leistungsstand getestet werden. Das Ermitteln der trainingswirksamen Belastungsreize ist die Basis eines guten Trainingsplans.

Ein Ausdauertest entspricht einer Referenzdatenanalyse zur Bestimmung von Trainingsintensitäten, dem aktuellen Leistungsniveau und der daraus folgenden Trainingsdokumentation durch Vergleichswerte aus Re-Tests. Der ausgewählte Test ist ein Stufentest, bei dem die Intensität (in Watt) stufenweise steigt. Folglich wird die Belastung langsam und kontinuierlich erhöht.

Als Testgerät wurde das Fahrradergometer ausgewählt, weil die koordinativen Anforderungen gering sind und die Kundin durch ihr Hobby Fahrradfahren mit dem Testgerät vertraut ist. Außerdem ist die Belastung beim Fahrradergometer exakt dosierbar, jederzeit reproduzierbar für Re-Tests und zudem vergleichbar mit wissenschaftlich abgesicherten Normwerten. Ein negativer Aspekt des Rads ist, dass die muskuläre Erschöpfung vor einer cardiopulmonalen Auslastung eintreten kann. Dies ist jedoch unwahrscheinlich, da die Kundin in ihrer Freizeit Fahrrad fährt und eine muskuläre Erschöpfung bei dem ausgewählten Test für Trainingseinsteiger eher unwahrscheinlich ist.

Während des Ausdauertests wird die individuelle Anpassungsfähigkeit des Körpers auf die steigende Belastung gemessen. Die Messparameter sind hier primär die Herzfrequenz (in Schläge pro Minute) und eher sekundär die Belastungsintensität (in Watt).

Die Eingangsbelastung ist abhängig von der Testperson und kann zwischen 25 und 50 Watt gewählt werden. Für die Kundin wird eine sanfte Belastung von 25 Watt nach WHO-Belastungsschema festgelegt, da sie an Adipositas und hochnormalem Blutdruck leidet. Sie wird als untrainiert eingestuft und erfährt auf Grund dessen eine Belastungssteigerung von je 25 Watt auf einer Dauer von zwei Minuten, ebenfalls nach dem WHO-Belastungsschema. Bei einer submaximalen Belastung liegt die Umdrehungszahl zwischen 60 und 80 U/min und bei einer Maximalbelastung zwischen 80 und 100 U/min (C. Graf, 2012, S.54). Für die Kundin wird eine Frequenz von 70-75 U/min festgelegt, da ein Ausdauertest nach WHO mit submaximaler Belastung durchgeführt wird. Von einem Test mit Maximalbelastung ist abzusehen, da die Gefahr einer Überlastung zu groß wäre.

Die Testabbruchkriterien sind primär das Erreichen der festgelegten Pulsobergrenze, welche durch Parameter wie Alter, Geschlecht, Ruhepuls und wöchentlichen Trainingsumfang ermittelt wird. Zu sekundären Abbruchkriterien, welche gleichermaßen wichtig sind, zählen subjektive Beschwerden des Kunden, wie beispielsweise Atemnot, Schwindel und Schmerzen in der Brust. Der zeitliche Rahmen des Ausdauertest soll sich zwischen 10 und 20 Minuten befinden. Der für die Kundin gewählte Test ist ein IPN-Fahrradergometer-Ausdauertestverfahren (IPN-Test) nach dem Belastungsschema der WHO. Nach diesem Test lässt sich eine Trainingsempfehlung sofort ableiten.

Im Folgenden wird die Pulsobergrenze mit Hilfe von Tabelle 3 und 4 ermittelt.

Tab. 3: Voreinstufung nach Ruheherzfrequenz und Lebensalter (modifiziert nach Trunz, 2001; IPN, 2004, S.1-16).

| Alter/ Hf Ruhe | < 20 | 20-29 | 30-39 | 40-49 | 50-59 | 60-69 | > 70 |
|---|---|---|---|---|---|---|---|
| < 50 S/min | 140 S/min | 135 S/min | 130 S/min | 125 S/min | 115 S/min | 110 S/min | 105 S/min |
| 50-59 S/min | 145 S/min | 140 S/min | 135 S/min | 125 S/min | 120 S/min | 115 S/min | 110 S/min |
| 60-69 S/min | 145 S/min | 145 S/min | 135 S/min | 130 S/min | 125 S/min | 120 S/min | 115 S/min |
| 70-79 S/min | 150 S/min | 145 S/min | 140 S/min | 135 S/min | 130 S/min | 125 S/min | 120 S/min |
| 80-89 S/min | 155 S/min | 150 S/min | 145 S/min | 140 S/min | 135 S/min | 125 S/min | 125 S/min |
| > 90 S/min | 160 S/min | 155 S/min | 150 S/min | 145 S/min | 140 S/min | 130 S/min | 125 S/min |

Auf Grund von Alter und Ruhepuls der Kundin wird in Tabelle 3 eine Pulsobergrenze von 135 S/min festgelegt.

Tab. 4: Voreinstufung des Trainingszustandes der Kundin nach IPN (modifiziert nach Trunz, 2001; IPN, 2004, S.1-16).

| Trainingszustand | Trainingshäufigkeit/ Woche | Stunden/ Woche | Pulsaufschlag |
|---|---|---|---|
| Kein Ausdauertraining | Kein Mal | 0 Stunden | Kein Aufschlag |
| Wenig Ausdauertraining | 1-2 mal | ≤ 1 Stunde | Kein Aufschlag |
| Moderates Ausdauertraining | 2-3 mal | 1-2 Stunden | Plus 5 S/min |
| Viel Ausdauertraining | 3-4 mal | 2-4 Stunden | Plus 10 S/min |
| Sehr viel Ausdauertraining | > 4 mal | > 4 Stunden | Plus 15 S/min |

Bezüglich Tabelle 4 kann je nach Trainingszustand ein Pulsaufschlag erfolgen. Da die Kundin jedoch nur unregelmäßig Rad fährt ist kein Pulsaufschlag nötig. Es bleibt bei einer Pulsobergrenze von 135 S/min. Als Belastungsschema wird das Testschema nach WHO bestimmt, da die Testperson eine eher untrainierte und leistungsschwache Frau ist. Folgende Testparameter in Tabelle 5 setzen sich aus einer Voreinstufung nach Alter, Geschlecht, Vorerkrankung, gesundheitlichen Risikofaktoren und dem Ruhepuls der Kundin zusammen.

Tab. 5: Belastungsschema nach WHO für einen IPN Test (modifiziert nach IPN, 2004, S. 1-16).

| Testgerät | Fahrradergometer |
|---|---|
| Eingangsbelastung | 25 Watt |
| Stufendauer | 2 Minuten |
| Belastungssteigerung | Um 25 Watt |
| Umdrehungszahl | 70-75 U/min |
| Pulsobergrenze (nach IPN-Richtlinien festgelegt) | 135 S/ min |
| Testgröße | Wattangabe der letzten Belastungsstufe bei Erreichen der Pulsobergrenze Oder: Zeitinterpolation: Erreichen der Pulsobergrenze vor der letzten Belastungsstufe |

In Tabelle 6 wird der Verlauf der Herzfrequenz, welcher regelmäßig in einem 1-Minuten-Abstand gemessen wurde. Zudem werden noch die Stufendauer in Minuten und die Intensität in Watt abgebildet.

Tab. 6: Messung der Herzfrequenz der Kundin während des IPN-Ausdauertests mit angegebener Belastungssteigerung.

| Zeit (in Minuten) | 0 | 1 | 2 | 3 | 4 | 5 | 6 | 7 | 8 | 9 | 10 |
|---|---|---|---|---|---|---|---|---|---|---|---|
| Herzfrequenz (in S/min) | 87 | 92 | 98 | 102 | 109 | 112 | 119 | 122 | 126 | 130 | 137 |
| Belastung (in Watt) | 25 | 25 | 50 | 50 | 75 | 75 | 100 | 100 | 125 | 125 | 150 |

Die Kundin hat die ersten fünf Belastungsstufen erfolgreich durchgefahren bis 125 Watt. Ihre Pulsobergrenze festgelegt nach IPN von 135 S/min wurde nach 10 Minuten bei 150 Watt erreicht. Der Test wurde hier beendet.

Daraus folgend wird die Gesamtleistung zeitinterpoliert berechnet. Nach neun Minuten bzw. fünf Stufen hat die Kundin insgesamt 125 Watt erreicht. Die sechste Stufe wurde nur zur Hälfte durchfahren, daher:

25 Watt: 2 = 12,5 Watt + 125 Watt = 137,5 Watt.

Daraus errechnet sich eine auf das Körpergewicht bezogene relative Wattleistung von 1,38 Watt/kg Körpergewicht: 137,5 Watt: 100 kg Körpergewicht = 1,375

Abschließend wird ihre Leistung bezogen auf die allgemeine aerobe Ausdauerleistung mit der folgenden Normtabelle für submaximale Fahrradergometertests für 45-jährige Frauen verglichen.

Tab. 7: Normtabelle für submaximale Fahrradergometertests; relative Watt-Soll-Leistung (pro Kg) bei Frauen (modifiziert nach IPN, 2004).

| Alter / Intensität | < 30 | 30-34 | 35-39 | 40-44 | 45-49 | 50-54 | 55-59 | > 60 | Bewertung |
|---|---|---|---|---|---|---|---|---|---|
| 0,50 | 1,15 | 1,09 | 1,04 | 0,98 | 0,92 | 0,86 | 0,81 | 0,75 | ⊗⊗ |
| 0,51 | 1,2 | 1,14 | 1,08 | 1,02 | 0,96 | 0,90 | 0,84 | 0,78 | ⊗⊗ |
| 0,52 | 1,25 | 1,19 | 1,13 | 1,06 | 1,00 | 0,94 | 0,88 | 0,81 | ⊗⊗ |
| 0,53 | 1,3 | 1,24 | 1,17 | 1,11 | 1,04 | 0,98 | 0,91 | 0,85 | ⊗⊗ |
| 0,54 | 1,35 | 1,28 | 1,22 | 1,15 | 1,08 | 1,01 | 0,95 | 0,88 | ⊗⊗ |
| 0,55 | 1,40 | 1,33 | 1,26 | 1,19 | 1,12 | 1,05 | 0,98 | 0,91 | ⊗ |
| 0,56 | 1,45 | 1,38 | 1,31 | 1,23 | 1,16 | 1,09 | 1,02 | 0,94 | ⊗ |
| 0,57 | 1,50 | 1,43 | 1,35 | 1,28 | 1,20 | 1,13 | 1,05 | 0,98 | ⊗ |
| 0,58 | 1,55 | 1,47 | 1,40 | 1,32 | 1,24 | 1,16 | 1,09 | 1,01 | ⊗ |
| 0,59 | 1,60 | 1,52 | 1,44 | 1,36 | 1,28 | 1,20 | 1,12 | 1,04 | ⊗ |
| 0,60 | 1,70 | 1,62 | 1,53 | 1,45 | 1,36 | 1,28 | 1,19 | 1,11 | Ø |
| 0,61 | 1,80 | 1,71 | 1,62 | 1,53 | 1,44 | 1,35 | 1,26 | 1,17 | Ø |
| 0,62 | 2,00 | 1,90 | 1,80 | 1,70 | 1,60 | 1,50 | 1,40 | 1,30 | Ø |
| 0,63 | 2,10 | 2,00 | 1,89 | 1,79 | 1,68 | 1,58 | 1,47 | 1,37 | ☺ |
| 0,64 | 2,30 | 2,19 | 2,07 | 1,96 | 1,84 | 1,73 | 1,61 | 1,50 | ☺ |
| 0,65 | 2,40 | 2,28 | 2,16 | 2,04 | 1,92 | 1,80 | 1,68 | 1,56 | ☺ |
| 0,66 | 2,60 | 2,47 | 2,34 | 2,21 | 2,08 | 1,95 | 1,82 | 1,69 | ☺☺ |
| 0,67 | 2,80 | 2,66 | 2,52 | 2,38 | 2,24 | 2,10 | 1,96 | 1,82 | ☺☺ |
| 0,68 | 3,00 | 2,85 | 2,70 | 2,55 | 2,40 | 2,25 | 2,10 | 1,95 | ☺☺ |
| 0,69 | 3,20 | 3,04 | 2,88 | 2,72 | 2,56 | 2,40 | 2,24 | 2,08 | ☺☺ |
| 0,70 | 3,40 | 3,23 | 3,06 | 2,89 | 2,72 | 2,55 | 2,38 | 2,21 | ☺☺ |

Die obige Tabelle 7 ermöglicht einen interindividuellen Leistungsvergleich der Testperson mit wissenschaftlich abgesicherten Normwerten. Hier ist es möglich das Leistungsniveau zwischen sehr schlecht – schlecht – durchschnittlich – gut – sehr gut zu bestimmen. Die Kundin erreicht eine relative Watt-Soll-Leistung von 1,38 Watt/kg Körpergewicht und liegt somit, bezogen auf ihre Altersklasse, in einem unterdurchschnittlichen / schlechten Bereich.

## 1.3  Gesundheits- und Leistungsstatus der Person

Im Folgenden werden die Belastbarkeit und die Trainierbarkeit der Kundin bewertet. Der BMI, Body Mass Index, der Kundin mit 36,7 kg/m² und der Körperfettanteil mit 39%, werden als hohe Werte eingestuft. Der Blutdruck der Kundin ist mit 133/86 mmHg sowohl im systolischen als auch diastolischen Wert im hochnormalen Bereich. Der IPN-Test zeigte eine unterdurchschnittliche Leistung der Kundin mit 1,38 Watt/kg Körpergewicht. Es liegen keine erheblichen Einschränkungen der Person vor und somit ist ein Ausdauertraining sehr empfehlenswert, vor allem um das Gewicht und somit auch den Blutdruck zu senken. Das Fahrradergometer kann bei ihr trotz des hochnormalen Blutdrucks verwendet werden, da sie in ihrer Freizeit Fahrrad fährt und somit Erfahrung mit dieser Belastungsart hat. Die Belastbarkeit und Trainierbarkeit der Kundin werden als normal eingestuft.

# 2 Zielsetzung

Im Eingangsgespräch mit der Kundin hat diese als Trainingsmotivation ihren nächsten Urlaub angegeben. Sie will dort viele Radtouren unternehmen und sich mit ihrem neuen Selbstbewusstsein durch die Gewichtsreduktion am Strand wohler fühlen. Aus diesem Grund soll ihre Leistungsfähigkeit anhand des IPN-Tests nach drei Monaten auf 1,70 Watt/kg Körpergewicht verbessert werden. Außerdem möchte sie ihr Körpergewicht reduzieren um 12 kg, damit ihr BMI Wert von 36,7 kg/m² auf 32,3 kg/m² erstmals gesenkt wird und dauerhaft der Wert 25 kg/m² als Ziel vor Augen bleibt. Zudem ist ihr wichtig ihren hohen Körperfettanteil von 39% auf 34% zu reduzieren, da dieser Wert ebenfalls sehr hoch ist. Durch gezieltes Ausdauertraining in Kombination mit Krafttraining und natürlich einer Ernährungsberatung, kann die Gewichtsreduktion inklusive Körperfett- und BMI-Reduktion stark unterstützt werden. Diese Ziele wirken sich demnach auch sehr positiv auf ihren hochnormalen Blutdruck von 133/86 mmHg aus. Auf Empfehlung ihres Arztes soll sie Ausdauertraining zur Blutdrucksenkung betreiben. Es ist auch Wunsch der Kundin den Blutdruck zu senken, um auch in Zukunft keine Medikamente einnehmen zu müssen.

In der folgenden Tabelle 8 werden drei Ziele der Kundin nach Inhalt, Ausmaß und Zeit dargestellt

.

Tab. 8: Zielsetzung der Kundin nach Inhalt, Ausmaß, Zeit

| Inhalt | Ausmaß | Zeit |
|---|---|---|
| Blutdrucksenkung | Systolisch: 5-7 mmHg<br>Diastolisch: 5-8 mmHg | 3 Monate |
| Steigerung der Ausdauer | Verbesserung um 25 %<br>-> auf 1,70 Watt/kg KG | 3 Monate |
| Gewichtsreduktion // Körper-<br>fettreduktion | - 12 kg | 6 Monate |

# 3 Trainingsplanung Mesozyklus

## 3.1 Grobplanung Mesozyklus

Die Grobplanung des Mesozyklus der Kundin wird in Tabelle 9 näher dargestellt.

Tab. 9: Grobplanung des Mesozyklus der Kundin

| Mesozyklus | |
|---|---|
| Dauer | 6 Wochen |
| Trainingsziel | Entwicklung der Grundlagenausdauer |
| Gesamttrainingsumfang in Minuten pro Woche | 60-180 Minuten |
| Trainingsmethoden | • Extensive Dauermethode<br>• Intensive Dauermethode<br>• Variable Dauermethode |
| Belastungsintensitäten | • 50-60% Hf$_{max}$ (regenerativ)<br>• 60-75% Hf$_{max}$ (extensiv)<br>• 70-85% Hf$_{max}$ (variabel)<br>• 80-85% Hf$_{max}$ (intensiv) |
| Trainingshäufigkeit pro Woche | 2-3 Mal |
| Dauer der Trainingseinheit | • 20-30 min (regenerativ)<br>• 40-90 min (extensiv)<br>• 30-50 min (variabel)<br>• 25-40 min (intensiv) |
| Trainingsgeräte | Fahrradergometer<br>Laufband (Walking)<br>Crosstrainer |

## 3.2 Detailplanung Mesozyklus

Für eine exakte Detailplanung des Mesozyklus werden die verschiedenen Herzfrequenzen mit Hilfe der Karvonen-Formel berechnet.

$$Thf = (Hf_{max} - Hf_{Ruhe}) \times Intensität\ in\ \% + Hf_{Ruhe}$$

(modifiziert nach American College of Sports Medicine, 2014)

Thf = Trainingsherzfrequenz

Hf$_{max}$ = maximale Herzfrequenz (220 – Lebensalter) = 220 – 45 S/min = 175 S/min

Hf$_{Ruhe}$ = Herzfrequenz in Ruhe

(Hf$_{max}$ – Hf$_{Ruhe}$) = Herzfrequenzreserve

Thf für 60% Intensität: (175 S/min – 70 S/min) x 0,6 + 70 S/min = 133 S/min

→ die Trainingsherzfrequenz bei 60% Belastungsintensität liegt bei 133 S/min

Bei Trainingseinheiten auf dem Fahrradergometer wird die maximale Herzfrequenz wie folgt berechnet: (200 – Lebensalter) = 200 – 45 = 155 S/min

Die in Tabelle 10 dargelegten Trainingsherzfrequenzen wurden nach diesem Prinzip berechnet. Folgende Abkürzungen werden in der Tabelle 10 verwendet: GA = Grundlagenausdauer, DM = Dauermethode, REKOM = regeneratives Training

Tab. 10: Mesozyklus über 6 Wochen für die Kundin (Einstufung: Beginner)

| Woche 1 | Montag | Freitag | |
|---|---|---|---|
| Trainingsziel | Aufbau GA 1 | Aufbau GA 1 | |
| Trainingsmethode | Extensive DM | Extensive DM | |
| Trainingsintensität | 60-75% HfReserve | 60-75% HfReserve | |
| Trainingsherzfrequenz | 121 – 134 S/min | 121 – 134 S/min | |
| Trainingsdauer | 30 min. | 30 min. | |
| Trainingsgerät | Fahrradergometer | Fahrradergometer | |
| **Woche 2** | **Montag** | **Mittwoch** | **Freitag** |
| Trainingsziel | Aufbau GA 1 | Aufbau GA 1 | Aufbau GA 1 |
| Trainingsmethode | Extensive DM | Extensive DM | Extensive DM |
| Trainingsintensität | 60-75% HfReserve | 60-75% HfReserve | 60-75% HfReserve |
| Trainingsherzfrequenz | 133 – 149 S/min | 121 – 134 S/min | 133 – 149 S/min |
| Trainingsdauer | 30 min. | 30 min. | 30 min. |
| Trainingsgerät | Crosstrainer | Fahrradergometer | Crosstrainer |
| **Woche 3** | **Montag** | **Mittwoch** | **Freitag** |
| Trainingsziel | Aufbau GA 1 | Aufbau GA 1 | Aufbau GA 1 |
| Trainingsmethode | Extensive DM | Extensive DM | Extensive DM |
| Trainingsintensität | 60-75% HfReserve | 60-75% HfReserve | 60-75% HfReserve |
| Trainingsherzfrequenz | 133 – 149 S/min | 121 – 134 S/min | 133 – 149 S/min |
| Trainingsdauer | 40 min. | 50 min. | 30 min. |
| Trainingsgerät | Crosstrainer | Fahrradergometer | Laufband (Walking) |
| **Woche 4** | **Montag** | **Mittwoch** | **Freitag** |
| Trainingsziel | Stabilisierung GA 1 | Regeneration, Stressabbau | Stabilisierung GA 1 |
| Trainingsmethode | Variable DM (5:5) | REKOM | Extensive DM |
| Trainingsintensität | 70% HfReserve (extensiv) 80% HfReserve (intensiv) | 50% HfReserve | 65-75 % HfReserve |
| Trainingsherzfrequenz | 144 S/min (extensiv) 154 S/min (intensiv) | 113 S/min | 125-134 S/min |
| Trainingsdauer | 25 min. | 40 min. | 60 min. |
| Trainingsgerät | Crosstrainer | Fahrradergometer | Fahrradergometer |
| **Woche 5** | **Montag** | **Mittwoch** | **Freitag** |
| Trainingsziel | Entwicklung GA 1 | Regeneration, Stressabbau | Entwicklung GA 1 |
| Trainingsmethode | Variable DM (5:5) | REKOM | Extensive DM |
| Trainingsintensität | 70% HfReserve (extensiv) 85% HfReserve (intensiv) | 50% HfReserve | 65-75 % HfReserve |
| Trainingsherzfrequenz | 144 S/min (extensiv) 159 S/min (intensiv) | 113 S/min | 138-149 S/min |
| Trainingsdauer | 30 min. | 50 min. | 60 min. |
| Trainingsgerät | Laufband (Walking) | Fahrradergometer | Crosstrainer |
| **Woche 6** | **Montag** | **Mittwoch** | **Freitag** |
| Trainingsziel | Aufbau GA 2 | Regeneration, Stressabbau | Aufbau GA 2 |
| Trainingsmethode | Intensive DM | REKOM | Variable DM (5:5) |
| Trainingsintensität | 80% HfReserve | 50% HfReserve | 75% HfReserve (extensiv) 85% HfReserve (intensiv) |
| Trainingsherzfrequenz | 154 S/min | 113 S/min | 149 S/min (extensiv) 159 S/min (intensiv) |
| Trainingsdauer | 30 min. | 60 min. | 40 min. |
| Trainingsgerät | Laufband (Walking) | Fahrradergometer | Crosstrainer |

## 3.3 Begründung zum Mesozyklus

Der in Tabelle 10 dargestellte Mesozyklus basiert im Wesentlichen auf dem Trainings-prinzip der progressiven Belastungssteigerung nach Zintl & Eisenhut (2001, S.20). Dieses Prinzip besagt, dass die Änderung der Belastungskomponenten in einer bestimmten Rei-henfolge erfolgen soll: Häufigkeit vor Umfang vor Intensität der Trainingseinheit (Zintl & Eisenhut, 2001, S.20). Zuerst wird im vorliegenden Mesozyklus die Häufigkeit von zwei auf drei Trainingseinheiten pro Woche erhöht. Da die Kundin nicht öfter als drei Mal pro Woche zum Training kommen kann ist dies das Maximum an Trainingshäufig-keit. Danach in Woche 3 wird der Umfang der Einheiten um insgesamt 30 Minuten pro Woche erhöht. In Woche 4 wird zum ersten Mal die Intensität verändert: die variable Dauermethode mit 70%-80% HfReserve wird eingebaut und die extensive Dauermethode intensiviert mit 65%-75% HfReserve. In den Wochen 5 und 6 werden sowohl Umfang und Intensitäten verändert.

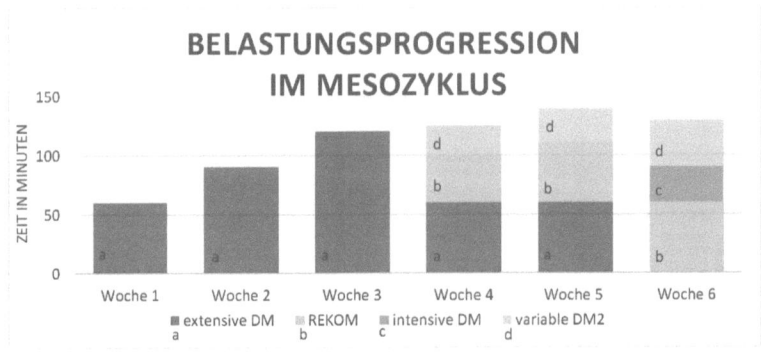

Abb. 2: Belastungsprogression im Mesozyklus graphisch dargestellt

Die weiteren Prinzipien nach Zintl & Eisenhut (2001, S.17-30) werden im vorliegenden Mesozyklus ebenfalls verwendet. Um das Prinzip der Dauerhaftigkeit und Kontinuität anzuwenden, bleiben ab Woche 2 drei Trainingseinheiten pro Woche bestehen. Das Prin-zip des Trainingswirksamenreizes besagt, dass die Mindestreizschwelle von 50% HfRe-serve überschritten werden muss, damit eine Anpassungsreaktion des Organismus ausge-löst wird. Durch den Wechsel von extensiver, variabler und intensiver Dauermethode und verschiedenen zeitlichen Umfängen einer Einheit findet man das Prinzip der Variation der Trainingsbelastung wieder. Mit der Einführung der REKOM-Einheit zwischen sehr intensiven Trainingsmethoden ab Woche 4, greift das Prinzip der optimalen Gestaltung von Belastung und Erholung.

Die Trainingsziele der einzelnen Trainingstage im Mesozyklus entwickeln sich vom Aufbau, Stabilisierung und Entwicklung der Grundlagenausdauer 1 (GA 1), hin zum Aufbau der Grundlagenausdauer 2 (GA 2) ab Woche 6. Zu Trainingsmethoden, die für eine Entwicklung und Stabilisierung der GA 1 förderlich sind, zählen: die extensive, variable und intensive Dauermethode mit einer Herzfrequenz bis zu 85% Hf$_{max}$. Mit dem Ziel der GA 1 wird die aerobe Fitness, d. h. die Energiebereitstellung erfolgt unter Zuhilfenahme von Sauerstoff, verbessert (Muster & Zielinski, 2006, S.10). Die Trainingsmethoden bezüglich GA 2 überschneiden sich mit denen für GA 1, jedoch ist bei einer Entwicklung von GA 2 eine durchaus höhere Herzfrequenz zu erbringen: bis zu 90% Hf$_{max}$. Ein Ziel der GA 2 ist die Verbesserung der Laktatkompensation zu erreichen. Ab Woche 4 wird zusätzlich eine „REKOM" Einheit absolviert mit dem Ziel der Regeneration und den Stressabbau nach sehr intensiven Trainingseinheiten. Dies ist wichtig für jegliche Intensitätssteigerungen im Ausdauertraining.

Im Folgenden wird der Einsatz der verschiedenen Trainingsgeräte begründet. Für einen motivierenden und leichten Einstieg in das Trainingsprogramm fährt die Kundin nur auf dem Fahrradergometer. Es macht ihr Spaß, da Fahrradfahren ihr Hobby ist und sie im Eingangsgespräch angegeben hat in einigen Monaten einen Urlaub mit mehreren Fahrrad-Touren plant. Außerdem sind die koordinativen Anforderungen eher niedrig und die Belastungsstufen einfach dosierbar, um ihr einen sanften Anfang zu ermöglichen. In Woche 2 kommt der Crosstrainer zu den festen Trainingsgeräten dazu, was Abwechslung schafft. Der primäre Vorteil des Crosstrainers ist die gute cardiopulmonale Ausbelastung, wegen der geringeren lokalen Muskelermüdung. Als drittes Trainingsgerät folgt das Laufband, welches ab Woche 3 zum Einsatz kommt. Positive Eigenschaften des Walkings auf dem Laufband sind der natürliche Bewegungsablauf, die einfach dosierbare Belastung und die sehr gute cardiopulmonale Ausbelastung auf Grund der geringen lokalen Muskelermüdung. Das Training auf Crosstrainer und Laufband soll vor allem das Ziel der Blutdrucksenkung unterstützen, durch die gut bis sehr gute cardiopulmonale Ausbelastung.

# 4 Literaturrecherche – Effekte des Ausdauertrainings bei arteriellen Hypertonie

Tab. 11: Vergleich zweier Studien zu den Effekten des Ausdauertrainings bei arterieller Hypertonie (Romy Meißner, 2011) und (Ublosakka-Jones et al., 2018)

| Titel | Effekte eines 12 - wöchigen Ausdauertrainings auf die körperliche Leistungsfähigkeit und den psychischen Zustand von Patienten mit isolierter systolischer Hypertonie | Slow loaded breathing training improves blood pressure, lung capacity and arm exercise endurance for older people with treated and stable isolated systolic hypertension |
|---|---|---|
| Autoren/ Herausgeber | Romy Meißner | Ublosakka-Jones, Chulee; Tongdee, Phailin; Pachirat, Orathai; Jones, David A. |
| Jahr der Publikation | 2011 | 2018 |
| Probanden der Studie | Probanden-Gruppe: 24<br>Kontroll-Gruppe: 27<br>Alle an arterieller Hypertonie erkrankt | 32 Probanden mit kontrollierter isolierter systolischer Hypertonie<br><br>Davon 16 Männer zwischen 62 und 72 Jahren |
| Versuchsaufbau der Studie | Untersuchungen:<br>Ruhe- und Belastungs-EKG, eine Laufband spirergometrie, eine Langzeit-Blutdruckmessung und eine Echokardiografie des Herzens<br><br>Probanden-Gruppen:<br>24 Teilnehmer trainierten für insgesamt 12 Wochen dreimal wöchentlich auf dem Laufband nach einem Intervallschema<br><br>Kontrollgruppe:<br>27 Teilnehmer machen keinen Sport | achtwöchige Studie<br>Ausdauertraining bei 50% Herzfrequenz-Reserve mit einer inspiratorischen Belastung von 25%<br><br>Vergleichs- Parameter:<br>Ruhe-Blutdruck (BP)<br>Herzfrequenz<br>MIP<br>Lungenkapazität<br>Expansion von Brust und Bauch<br>Übungsdauer |
| Ergebnisse und Schlussfolgerungen der Studie | Positive Veränderungen folgender Parameter<br>Probanden-Gruppe:<br>• maximale Leistungsfähigkeit: von **153,4 ± 12,4 auf 197,7 ± 11,1 Watt**<br>• systolischen Blutdruckes: **von 185,2 ± 5,7 auf 153,8 ± 5,9 mmHg**<br>• Laktatwertes: **von 1,6 ± 0,2 auf 0,9 ± 0,04 mmol/l**<br>• Herzfrequenz: **von 111,4 ± 3,7 auf 92,9 ± 2,8 S/min**<br>• Borg-Wertes: **von 11,9 ± 0,3 auf 8,4 ± 0,5**<br><br>Kontroll-Gruppe:<br>Einzige Veränderung<br>• Systolischer Blutdruckwert: von 189,3 ± 5,6 auf 167,1 ± 5,3 mmHg | Positive Veränderung folgender Parameter:<br><br>• Systolischer Blutdruck in Ruhe verringerte sich **um 20 mmHg**<br>• MIP stieg **um 15,8 cm** H2O (11,8 auf 19,8)<br>• Die Ausdehnung von Brust und Bauch nahm **um 2,3 cm** zu<br>• Die Ausdauertrainingszeit erhöhte sich **um 4,9 Minuten** |

# 5   Literaturverzeichnis

American College of Sports Medicine (ASCM) (Hg.) (2014): Guidelines for exercis testing and prescription. 9. Aufl. Philadelphia: Lippincott Williams & Wilkins (9), zuletzt geprüft am 04.06.2018.

Christine Graf (Hg.) (2012): Lehrbuch Sportmedizin. Basiswissen, präventive, therapeutische und besondere Aspekte. Unter Mitarbeit von Richard Rost. 2. Aufl.: Deutscher Ärzte-Verlag, zuletzt geprüft am 04.06.2018.

Die Weltgesundheitsorganisation (WHO), International Society of Hypertension (ISH) (Hg.) (2003): WHO/ISH Hypertension guidelines. Online verfügbar unter http://www.who.int/cardiovascular_diseases/guidelines/hypertension/en/, zuletzt geprüft am 01.06.2018.

Muster M., Zielinski R. (2006): Körperliche Aktivität und Ausdauertraining. Kapitel 3: Definitionen. Darmstadt: Steinkopff Verlag, zuletzt geprüft am 04.06.2018.

Romy Meißner (2011): Effekte eines 12 - wöchigen Ausdauertrainings auf die körperliche Leistungsfähigkeit und den psychischen Zustand von Patienten mit isolierter systolischer Hypertonie. Dissertation, Berlin. Universitätsmedizin Berlin - Medizinischen Fakultät Charité. Online verfügbar unter http://www.diss.fu-berlin.de/diss/servlets/MCRFileNodeServlet/FUDISS_derivate_000000009658/Dissertation.pdf, zuletzt geprüft am 08.06.2018.

Trunz, E. (2001): IPN Test - Ausdauertest für den Fitness und Gesundheitssport. Köln, zuletzt geprüft am 01.06.2018.

Ublosakka-Jones, Chulee; Tongdee, Phailin; Pachirat, Orathai; Jones, David A. (2018): Slow loaded breathing training improves blood pressure, lung capacity and arm exercise endurance for older people with treated and stable isolated systolic hypertension. In: Experimental gerontology 108, S. 48–53. DOI: 10.1016/j.exger.2018.03.023.

Weineck, J. (2003): Ausdauertraining. Trainingssteuerung über die Herzfrequenz- und Milchsäurebestimmung. Balingen, zuletzt geprüft am 01.06.2018.

World Health Organization (Hg.) (2018): Body mass indes BMI. Nutritional status. Online verfügbar unter http://www.euro.who.int/en/health-topics/disease-prevention/nutrition/a-healthy-lifestyle/body-mass-index-bmi, zuletzt geprüft am 05.06.2018.

Zintl F., Eisenhut A. (2001): Ausdauertraining. Grundlagen, Methoden, Trainingssteuerung. 5., überarb. Aufl., (Neuausg.). München: BLV Sportwissen, zuletzt geprüft am 08.06.2018.

# 6 Abbildungs- und Tabellenverzeichnis

## 6.1 Abbildungsverzeichnis

## 6.2 Tabellenverzeichnis